아인슈타인,
알에서 깨어나다

줄탁동시 啐啄同時

병아리가 알을 깨고 나오기 위해서는 안에서는 새끼가, 밖에서는 어미닭이 같은 지점을 함께 쪼아 힘을 보태야 한다는 뜻이다. 이 말은 불교에서 깨달음을 얻는 과정, 특히 스승과 제자가 함께 노력하는 모습을 비유하는 데 쓰인다. 또한 생명이 탄생하기 위해서는 자신의 노력과 주변의 도움이 알맞게 어울려야 한다는 의미도 담고 있다.

이 책은 줄탁동시의 가르침을 아인슈타인의 상대성이론 발견과 결합하여, 새로운 진리가 태어나는 순간을 그린 우화적 과학 이야기이다.

상대성 이론의 탄생 이야기

아인슈타인, 알에서 깨어나다

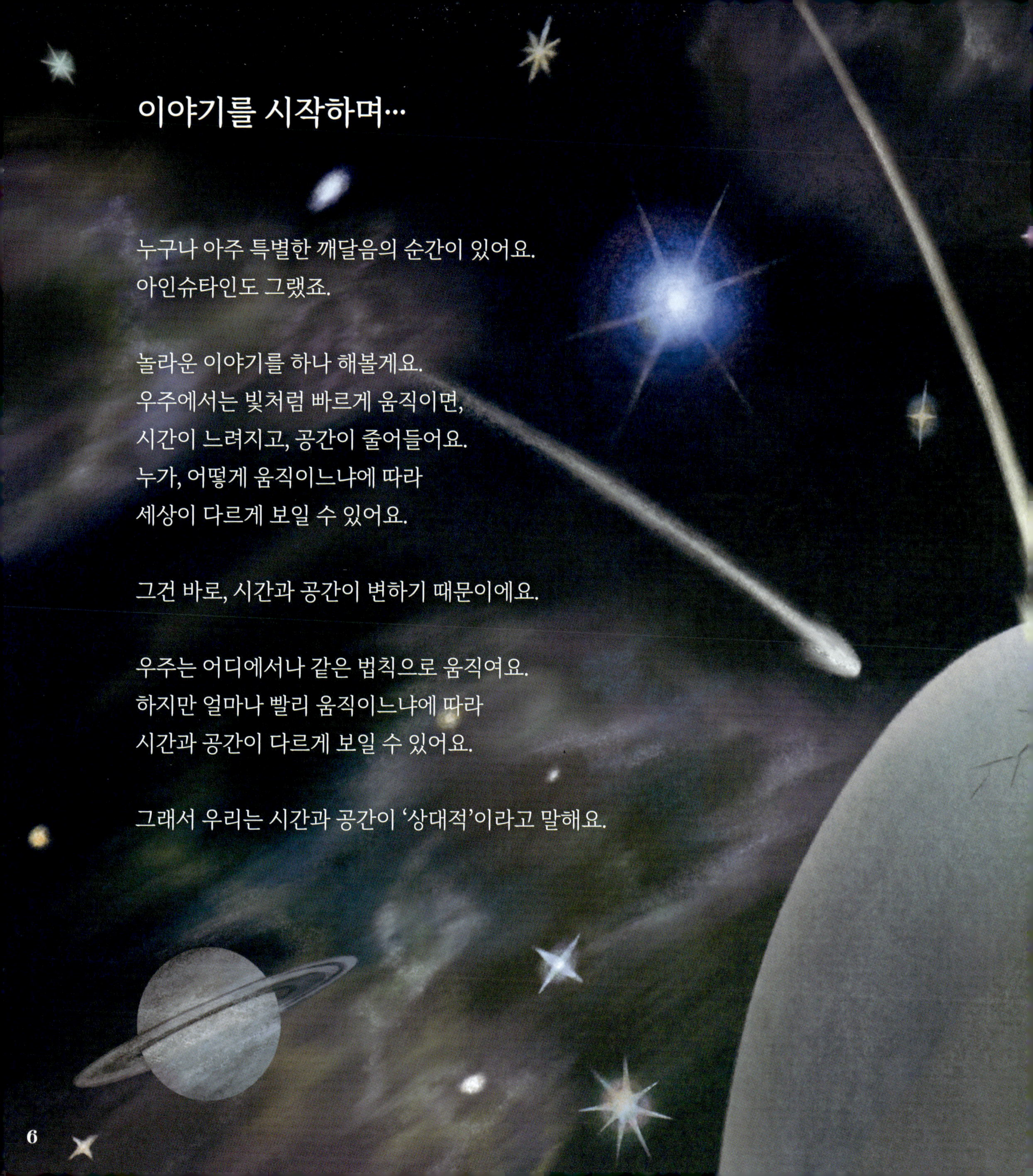

이야기를 시작하며…

누구나 아주 특별한 깨달음의 순간이 있어요.
아인슈타인도 그랬죠.

놀라운 이야기를 하나 해볼게요.
우주에서는 빛처럼 빠르게 움직이면,
시간이 느려지고, 공간이 줄어들어요.
누가, 어떻게 움직이느냐에 따라
세상이 다르게 보일 수 있어요.

그건 바로, 시간과 공간이 변하기 때문이에요.

우주는 어디에서나 같은 법칙으로 움직여요.
하지만 얼마나 빨리 움직이느냐에 따라
시간과 공간이 다르게 보일 수 있어요.

그래서 우리는 시간과 공간이 '상대적'이라고 말해요.

아인슈타인은 바로 이걸 깨달아,
놀라운 공식 $E = mc^2$를 만들어냈어요.
질량과 에너지가 본질적으로 같다는 뜻이죠.
작은 질량도 엄청난 에너지로 바뀔 수 있는 거예요.

하지만 이 위대한 발견은,
아인슈타인이 혼자서 생각만으로 이룬 건 아니랍니다.

줄탁동시(啐啄同時)라는 말이 있어요.
병아리가 알을 깨고 세상에 나올 때,
안에서는 병아리가 '톡톡' 쪼고,
밖에서는 엄마 닭이 '톡톡' 쪼아줘야 해요.
안과 밖이 함께 힘을 모아
새로운 생명이 태어나는 거죠.

아인슈타인도 그랬어요.
빛과 시간, 그리고 온 우주가
조용히 알 바깥에서 두드려주었고,
아인슈타인은 알 속에서 열심히 응답하며
마침내, 깨어났답니다.

1. 알 속에 사는 아이

아인슈타인은 어릴 적부터 조금 특이한 아이였어요.

말이 느렸고,
질문이 많았고,
혼자서 상상하는 걸 좋아했죠.

아인슈타인은 알 속에 살았어요.
한 번도 알 밖으로 나가본 적이 없었죠.

그가 사는 세상은 아주 작고 조용했어요.

하지만, 그 안엔 늘 질문이 가득했죠.

"시간은 왜 앞으로만 흘러가지?"
"세상은 얼마나 멀리까지 이어져 있을까?"
"햇빛은 얼마나 빠른 걸까?"
"하늘 저편엔 뭐가 있지?"

사람들은 아무도 이런 질문에 귀기울이지 않았어요.
당연히 답도 해주지 않았죠.

하지만, 어린 아인슈타인은 알았어요.

'나는 알 속에 있고, 아직 깨어나지 않은 상태야.
이 알을 깨야만 진짜 우주를 볼 수 있어.'

2. 처음 들려온 '빛의 두드림'

어느 고요한 날,
아무도 없는 공간에서 어떤 소리가 들려왔어요.

알 바깥에서 무언가가 두드리고 있다는
느낌이 들었어요.
아주 희미하고 작은 소리였죠.

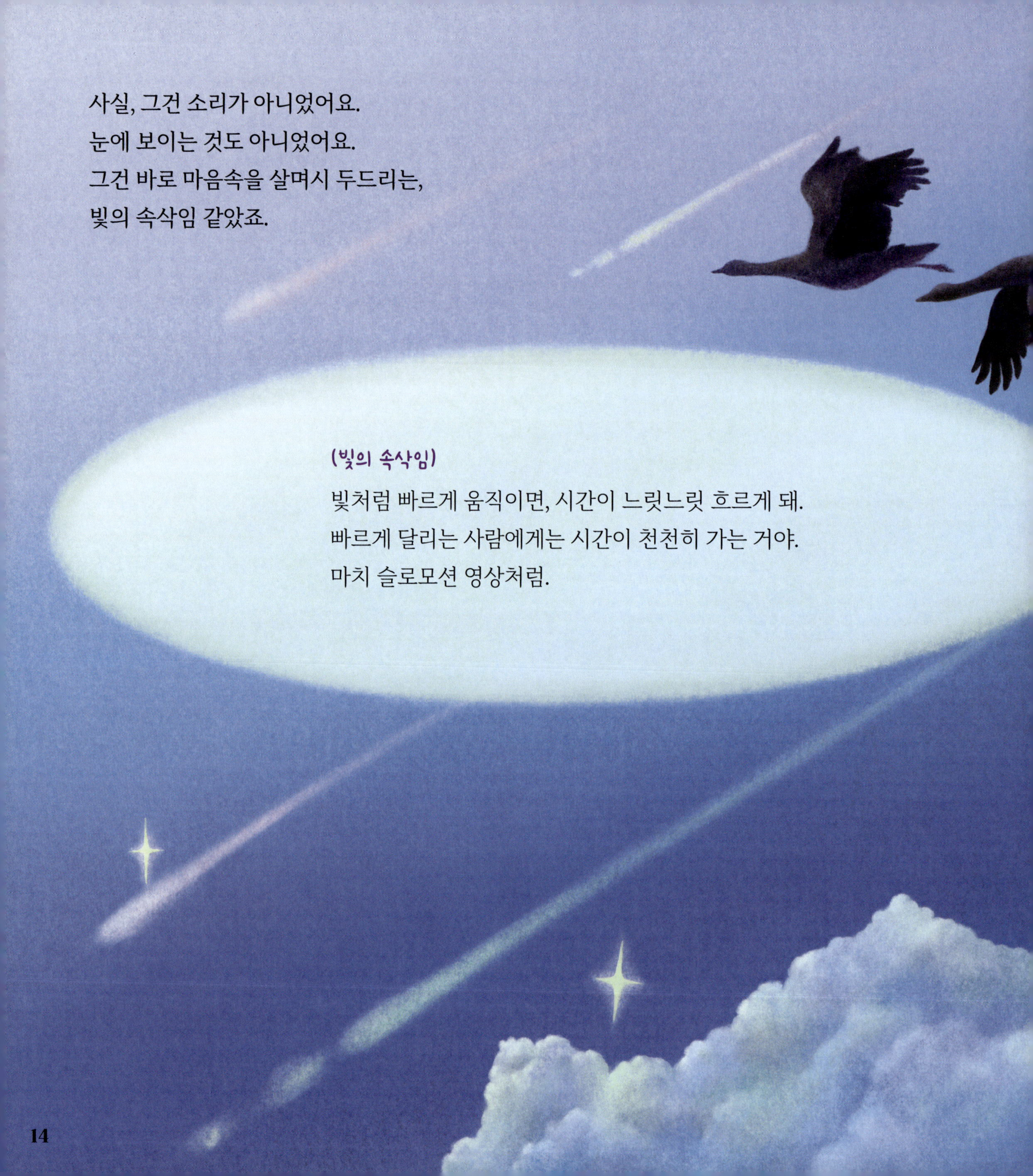

사실, 그건 소리가 아니었어요.
눈에 보이는 것도 아니었어요.
그건 바로 마음속을 살며시 두드리는,
빛의 속삭임 같았죠.

(빛의 속삭임)

빛처럼 빠르게 움직이면, 시간이 느릿느릿 흐르게 돼.
빠르게 달리는 사람에게는 시간이 천천히 가는 거야.
마치 슬로모션 영상처럼.

아인슈타인은 깜짝 놀라서, 멍하니 중얼거렸죠.

"시간이… 항상 똑같이 흐르는 게 아니라고?"
"어떤 때는 천천히 가기도 한다고?"

무슨 뜻인지는 잘 몰랐지만,
이 말이 왠지 굉장히 중요하다는 생각이 들었어요.

3. 두 번째 두드림

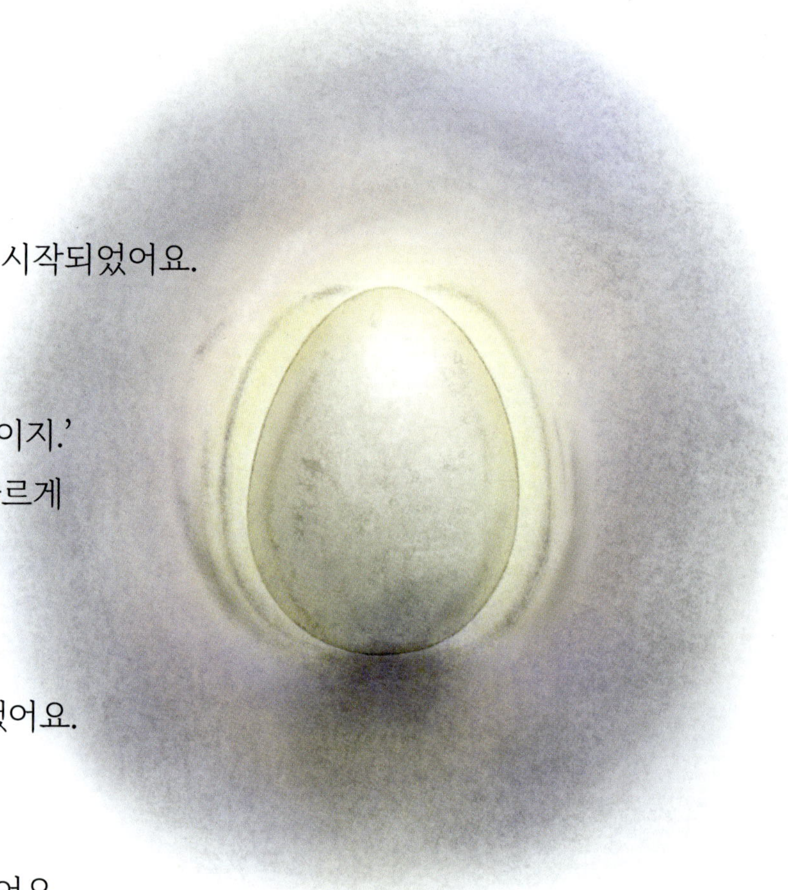

그날 이후,
아인슈타인의 마음속에서는 잔잔한 떨림이 시작되었어요.
무언가가 안에서 깨어나려는 것 같았죠.

'시간이 그냥 흘러가기만 하는 게 아니란 말이지.'
'어떤 사람에겐 느리고, 또 어떤 상황에선 빠르게
흐를 수도 있다는 거지?'

그는 낮은 소리로 중얼거리며,
머릿속 생각들을 하나하나 꺼내 보기 시작했어요.

마음속 깊은 어딘가에 작은 틈이 생기고,
그 사이로 빛 한 줄기가 피어오르는 것 같았어요.
희미한 불빛 하나가 켜진 듯했죠.

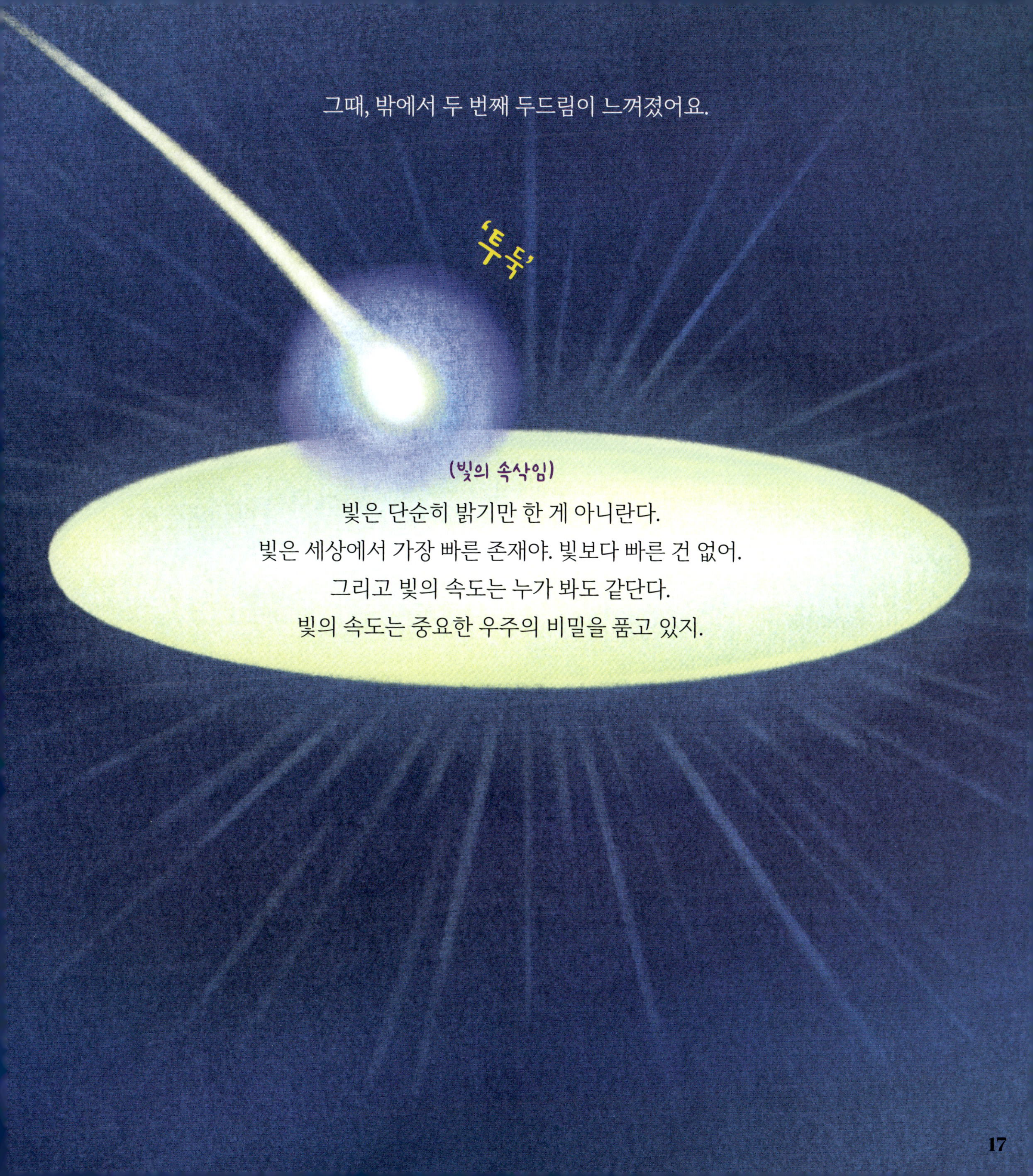

그때, 밖에서 두 번째 두드림이 느껴졌어요.

'투둑'

(빛의 속삭임)

빛은 단순히 밝기만 한 게 아니란다.
빛은 세상에서 가장 빠른 존재야. 빛보다 빠른 건 없어.
그리고 빛의 속도는 누가 봐도 같단다.
빛의 속도는 중요한 우주의 비밀을 품고 있지.

4. 세 번째 두드림

시간. 공간. 빛.

세 가지 조각이 아인슈타인의 마음속에서
천천히, 아주 천천히 하나씩 맞춰지기 시작했어요.

'시간은 다르게 흐를 수 있어.'
'공간도 딱딱한 틀처럼 고정된 것이 아닐 수 있어.'
'그렇다면… 이 둘은 따로 떨어진 게 아닐지도 몰라.'
'혹시 빛이 이 둘을 하나로 이어주는 다리 같은 걸까?'

아인슈타인은 눈을 감고 깊이 상상했어요.

'아주 빠르게 움직이면, 시간이 느려질 뿐만 아니라,
같은 거리도 줄어들 수 있어.
공간도 변한다는 거지.'

하지만 뭔가 아직 중요한 게 빠져 있다는
느낌이 들었어요.

'그렇다면… 세상을 이루는
또 다른 조각은 뭐지?'

바로 그 순간,

'질량'이라는 말이 반짝 머릿속에
떠올랐어요.

그와 동시에,

'투두둑!'

세 번째 두드림이 알 속에서
또렷하게 울렸어요.

이번엔 조금 달랐어요.
그건 마치 우주가,
아주 오랫동안 숨겨둔 비밀 하나를
조심스레 알려주는 것 같았죠.

(빛의 속삭임)

질량은 단순히 무게가 아니란다.
질량은 조용히 웅크린 거대한 에너지 덩어리야.
콩알만 한 입자 속에도,
상상할 수 없는 큰 에너지가 숨어 있지.

아인슈타인은 숨을 멈춘 채,
낮게 되뇌었어요.

"질량이… 잠자고 있는 에너지라고?"

그 순간, 머릿속에서 또 하나의 퍼즐 조각이 '딸각' 하고 맞춰졌지요.
빛보다 더 깊은 무언가가,
이제 그의 안에서 깨어나려 하고 있었어요.

5. 진실에 가까워지다

아인슈타인은 조용히 사과 하나를 집어 들었어요.
작고 맛있는 사과 한 알.

그는 사과를 가만히 바라보다가 중얼거렸어요.

'혹시… 이 안에도 에너지가 숨어 있을까?'
'사과의 질량도 에너지의 한 형태라면,
모든 물질은 결국, 에너지로 바뀔 수 있다는 뜻 아닐까?'

그 순간,

'투둑 투둑 투둑!'

알이 통째로 흔들리는 것 같았어요.
안과 밖에서 동시에 요동치며,
'드디어 네가 깨달았구나.' 하고 속삭이는 듯했죠.

그건… 작고 조용해 보이던 세상이
사실은 커다란 힘을 품고 있었다는 걸
처음으로 알게 된 순간이었어요.

6. 진리의 탄생

그리고 마침내,

시간이 느려지고,
공간이 휘어지고,
질량은 숨겨진 에너지라는…
모든 퍼즐이 하나로 딱 맞춰졌어요.

그 순간,

‘콰콰콰콰콰~쾅!!’

알이 폭발하듯 깨졌고,
아인슈타인은 처음으로
진짜 우주를 마주했어요.

눈앞에 펼쳐진 시공간 속에서,
떠있는 단 한 줄의 진리를 똑똑히 보았죠.

작은 질량 속에 숨어 있던 에너지가,
하나의 공식으로 자신의 모습을
드러낸 순간이었어요.

그때,
아인슈타인의 머릿속에 다시
빛의 속삭임이 들려왔어요.

(빛의 속삭임)

빛은 우주에서 가장 빠른 존재야.
그 빠르기를 두 번 거듭해서 질량에 곱하면,
그 안에 얼마나 큰 에너지가 있는지 알 수 있지.

그 말처럼,
사과 한 알,
모래 한 톨,
조용히 멈춰 있는 세상의 모든 작고 사소한 것들에도
어마어마한 힘이 숨어 있었던 거예요.

아인슈타인은 낮게 속삭였어요.

"나는 이제 눈을 떴어.
알에서 깨어났고…
　이 공식 하나로, 우주의 모든 비밀에
　다가갈 수 있어."

그리고 훗날 이렇게 말했어요.

"나는 혼자 깨어난 게 아니야.
자연이, 빛이, 시간이, 온 우주가
가만히 문을 두드려 줬고,
나는 그 소리에 귀를 기울였을 뿐이야."

혹시,
너에게도 깨어나길 기다리는
작은 알이 있니?

에필로그

빠르게 달리는 기차, 활, 그리고 빛

어느 날, 아인슈타인은 상상했어요.

빠르게 달리는 기차 위에서 활을 들고 앞쪽으로 화살을 쏘면 어떻게 될까?

기차 옆에서 구경하는 사람 눈에는 이렇게 보여요.
기차가 시속 100km로 달려가고,
기차에서 쏜 화살이 시속 200km로 앞으로 날아가면,
화살은 시속 300km로 날아가는 것처럼 보이죠!
(속도가 더해져요.)

하지만, 같은 기차 안에서 앞쪽으로 손전등을 켜면?
기차가 아무리 빨리 달리고 있어도, 손전등에서 나온 빛은
밖에서 구경하는 사람에게도, 기차를 타고 있는 사람에게도
똑같이 빛의 속도 그대로 초속 30만 km로 보여요!
(빛은 속도가 더해지지 않아요!)

"엥? 왜 화살은 속도가 더해지는데, 빛은 더해지지 않을까?"
아인슈타인은 생각했어요.
그리고 깨달았어요.

자연은 빛의 속도를 절대 변하게 하지 못해요.
그래서 대신, 시간이 느려지고,
거리가 줄어드는 거예요.
빛의 속도를 일정하게 지키려고 우주가 시간과 공간을 스스로 움츠리는 거였어요.
아인슈타인은 이걸 알게 되었던 거죠.

'시간이 느려질 수 있다는 것.
거리가 짧아질 수 있다는 것.
질량이 사실은 잠든 에너지라는 것.'

그리고 $E = mc^2$ 공식이 탄생한 거죠.

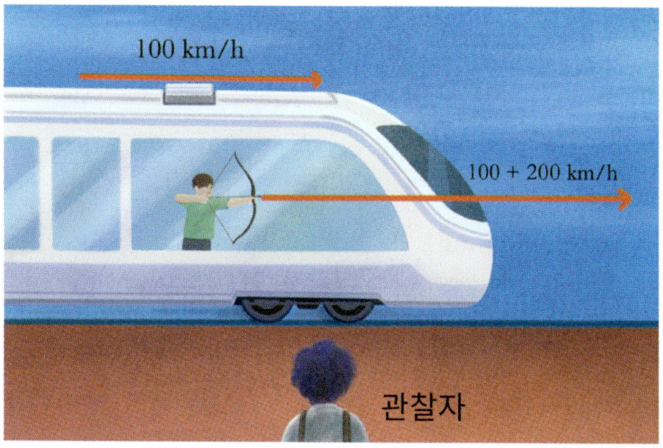

(가)

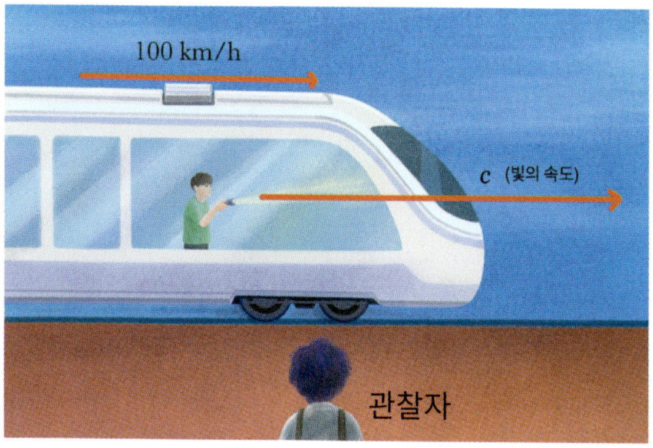

(나)

(가) 기차 안에서 화살을 쏠 때 : 그림 (가)와 같이 100km/h의 속도로 달리는 기차 안에 있는 사람이 기차가 달리는 방향으로 200km/h의 속도로 화살을 쏘면, 기차 밖의 관찰자가 본 화살의 속도는 다음과 같습니다.
기차의 속도 + 화살의 속도 = 100km/h + 200km/h = 300km/h

(나) 기차 안에서 빛을 쏠 때 : 그림 (나)와 같이 100km/h의 속도로 달리는 기차 안에 있는 사람이 속도가 c인 빛을 쏘면 **기차 안과 밖에 있는 관찰자 모두에게 빛의 속도는 변함없이 c로 관측**됩니다.

부록

상대성이론과 $E = mc^2$에 대해 알아보아요!

$E = mc^2$ 는 아인슈타인이 1905년에 발표한 아주 특별한 공식이에요.
이 공식은 '모든 질량은 에너지다!'라는 놀라운 사실을 알려주지요.
공식이 발표된 지 벌써 120년이 지났지만, 아직도 우리 어른들도 이 공식을 거의 이해하지 못해요! 정말 놀랍지 않나요?
그럼 공식 속 알파벳을 하나씩 살펴볼까요?

✦ E는 에너지(Energy)

m은 물체의 무게, 즉 질량(mass)
c는 빛의 속도(speed of light)를 뜻해요.

여기서 빛의 속도, c는 정말 놀라워요! 빛은 1초에 30만 킬로미터, 즉 지구를 일곱 바퀴 반이나 돌 수 있을 만큼 빠르답니다! 그리고 이 속도를 두 번 곱한 것(c^2) 덕분에, 아주 작은 질량에도 어마어마한 에너지가 숨어 있다는 걸 알 수 있어요.
예를 들어, 사과 한 알이나 모래알 하나처럼 작은 것도 사실은 상상할 수 없을 만큼 큰 에너지를 품고 있는 셈이에요!

✦ $E = mc^2$은 어디에 쓰일까요?

이 공식을 실제로 사용한 대표적인 예가 바로 원자력 발전소예요. 적은 양의 우라늄만으로도 도시 전체에 필요한 전기를 만들 수 있을 정도랍니다.

또한 이 원리는 원자폭탄 같은 핵무기를 만들 때도 이용돼요. 단 1그램 정도의 물질이 폭발하면서, 엄청난 열과 충격을 일으킬 수 있어요. 그래서 이 에너지는 정말 강력하고, 신중하고 조심스럽게 사용해야 할중요한 힘이에요.

✦ 작은 것 속에 숨은 거대한 힘

$E = mc^2$ 덕분에 인류는 깨달았어요.

작고 조용해 보이던 세상에도, 믿을 수 없을 만큼 거대한 힘이 숨어 있다는 사실을.

그리고 그 깨달음은, 우리가 세상을 바라보는 눈을 완전히 바꾸었지요.

아인슈타인은 우리에게 이렇게 속삭이는 것 같아요.

"세상은 눈에 보이는 것보다 훨씬 더 깊다."

아인슈타인, 알에서 깨어나다

: 상대성 이론의 탄생 이야기

초판 1쇄 인쇄 | 2025년 11월 20일
초판 1쇄 발행 | 2025년 12월 10일

지은이 | 정진
그린이 | 박선주

펴낸곳 | (주)눈코입(레드스톤)
펴낸이 | 정성진
주소 | 경기 고양시 일산동구 호수로 672, 대우메종리브르 802호
전화 | 031-913-0650
팩스 | 02-6455-0285
이메일 | redstonekorea@gmail.com

ISBN 979-11-90872-65-2 (77110)

• 값은 뒤표지에 있습니다.
• 파본은 구입하신 서점에서 교환해드립니다

언어 전문가가 쓴

최고의 감정 교과서 & 언어 사용의 기술 시리즈

크리스티나 누녜스 페레이라 · 라파엘 R 발카르셀 지음

양장. 각권 72~112쪽

7~13세

7~13세

7~13세

7~13세

4~6세

초등 국어교과서 중요단원 수록!

10년 연속 스페인 베스트셀러!

6년 연속 대한민국 스테디셀러!

엄마들의 입소문 베스트셀러!